未来遇见最好的自己

不一样的自己

DIFFERENT YOURSELVES

哈尔滨工业大学出版社
HARBIN INSTITUTE OF TECHNOLOGY PRESS

图书在版编目(CIP)数据

不一样的自己：礼仪. 1 / 燕子主编. —哈尔滨：哈尔滨工业大学出版社，2015.6
（未来遇见最好的自己）
ISBN 978-7-5603-5348-7

Ⅰ.①不… Ⅱ.①燕… Ⅲ.①礼仪–少儿读物　Ⅳ.①K891.26-49

中国版本图书馆CIP数据核字（2015）第090658号

未来遇见最好的自己

不一样的自己：礼仪1

策划编辑	甄淼淼
责任编辑	甄淼淼　刘　瑶
文字编辑	葛文婷　苗　青
装帧设计	麦田图文
美术设计	Suvi zhao　蓝图
出版发行	哈尔滨工业大学出版社
社　　址	哈尔滨市南岗区复华四道街10号　邮编150006
传　　真	0451-86414049
网　　址	http://hitpress.hit.edu.cn
印　　刷	牡丹江邮电印务有限公司
开　　本	889mm×1194mm 1/32　印张4　字数 60千字
版　　次	2015年6月第1版　2015年6月第1次印刷
书　　号	ISBN 978-7-5603-5348-7
定　　价	16.80元

（如因印装质量问题影响阅读，我社负责调换）

前言

  你对现在的自己满意吗？你想要得到家长、老师、朋友们的赞赏吗？你希望未来的自己成为一个彬彬有礼的绅士，或者是一个温文尔雅、仪表大方的女士吗？如果你的回答是肯定的，我真想送给你一个甜蜜的拥抱。

  或许你却未必知道：自己到底该做些什么？我愿意为黑暗中的你点亮一盏灯，为你照亮前方的路。

  本书将教会你如何与人相处，如何更好地与他人沟通、交流等一些看似微不足道的小事。只有学会了这些，你才能够更好地投入到日后的工作和生活中，才能够在未来遇见最好的自己！

  耶！加油！

  在这里我们要感谢曹庆文、钱宏伟、杨福军、李玉梅、张庆亮、张晓丽、史艳双和万杰等多位少儿专家的参与及支持。

目录

万圣节的礼物 /6

学会拒绝 /10

家里来客人了 /14

打破规矩 /18

为自己服务 /22

介绍自己 /26

涂鸦杰作 /30

礼貌留宿 /34

待客之道 /38

道德绑架 /42

学会说"谢谢" /46

文明之行 /50

你真够意思 /54

两个哈欠毛了玩偶 /58

没时间接电话 /62

击鼓传球的道理 /66

撞倒人了 /70

诚信90分 /74

你是外国人 /78

不小心拿了别人的东西 /82

精致的手机 /86

有话要说 /90

书店故事多 /94

丢失的绿荫 /98

独自回家 /102

金钱买不到的孝心 /106

如厕有讲究 /110

所答非所问 /114

伙伴犯错了 /118

放学之后 /122

上学必迟到 /126

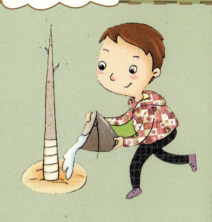

万圣节的礼物

学习重点

积极参加活动；
学会与人和谐相处。

万圣节快到了，学校组织同学们每人做一盘"恐怖美食"，就是那种样子看起来吓人，味道却无比美味的食物。

小西觉得很无聊，拒绝参加。老师检验成果的时候，同学们纷纷拿出了自己的作品：糖果搭的骷髅，巧克力做的蜘蛛，白面团做的虫子，真是惟妙惟肖。

同学们拿着"美食"大口地吃着，开心得不得了。小西没有作品，只能眼巴巴地看着同学们边玩边吃了。

专家建议

人具有社会属性,尤其是孩子在集体交注中,能开阔视野,使性格变得开朗乐观,所以应尽量多参加集体活动。

★ 积极参加活动 ★

积极主动参加集体活动,增进友谊,学会帮助别人;配合同伴积极完成任务,锻炼互相协作的能力。

★ 学会与人和谐相处 ★

学会设身处地为别人着想,懂得团结合作;

磨炼自己的耐心和毅力,学会与伙伴一起克服苦难,分享快乐。

★ 给家长的话 ★

家长应以身作则,鼓励并陪同孩子一起多参加集体活动,既可以锻炼孩子的社交能力和动手动脑能力,也可以增进亲子感情。

动脑大闯关

老师组织大扫除,同学们的工作各有不同,去看看谁做得好,给他加加油吧。

1 小舞不想扫地,于是把扫帚扔在一旁。

2 小芹把玻璃擦得亮晶晶。

3 泰林卖力地拖着地。

你会做什么

不同的集体活动，需要完成的工作也不同，如果可以选择，你最喜欢参与下列哪项集体活动？如何去做呢？

❶ 布置房。
❷ 植树种草。
❸ 慰问老人。

集体活动

注意事项

态度要端正,工作要认真；集体活动中要注意安全。

能力提升

组织交往能力；
劳动手工能力。

训练目的

融入集体之中，与集体和谐相处。

学会拒绝

— 学习重点 —

礼貌婉拒；
不要逞强。

"地球人,帮助我毁灭地球,成功以后,你我一起统治地球,怎么样?"一个巨大的机器人说。

秦风心中动摇了一下,然后又咬着牙说:"不行,我的亲人、朋友都在地球,我要保护他们。"

"即使你会和他们一样被我消灭,也不改变主意吗?"机器人气愤地说。

"是的,我拒绝!"秦风坚定地说。

"哈哈,好,我要毁灭你!"

"不要!"秦风尖叫着从梦中惊醒。

专家建议

秦风拒绝与恶人为伍，选择正义，真是好样的！在现实中，当我们面对自己不能做的事情时，也要学会拒绝，不要逞强。

★ 礼貌婉拒 ★

拒绝他人时，要注意文明礼貌，态度温和，语气委婉；恶语相向会使被拒绝的人心理受到伤害，甚至伤害彼此的友情。

★ 不要逞强 ★

人的能力是有限的，遇到力所不能及的事情，不要逞强答应；相信只要向朋友解释清楚自己拒绝提供帮助的原因，朋友会理解的。

★ 给孩子的话 ★

拒绝他人时，一定要说明情况，千万不要逃避。支支吾吾、躲躲闪闪，反而使问题变得复杂，甚至会激化矛盾。

动脑大闯关

拒绝别人时,要怎么做才能有礼貌,不伤和气呢?下面谁做得好,为他点个赞吧。

1 刘洋向刘庆借零用钱,刘庆沉默不语。

2 刘壮拒绝了甜甜的请求,并解释了原因。

"拒绝"怎么说

试着在以下场景中,拒绝别人需要怎么说,快来练习一下。

注意事项
说话语气要委婉,并说明拒绝的原因。

训练目的
懂得如何婉转拒绝别人的要求。

练习如何拒绝
❶ 拒绝借铅笔。
❷ 拒绝去逃学。
❸ 拒绝去网吧。

同学的要求

能力提升
语言组织能力;
人际交往能力。

polite

家里来客人了

―――――― 学习重点 ――――――

礼貌谈话；
学会与家人谈话的基本礼仪。

王毅闯了祸，妈妈刚要教育他，他摆摆手，急忙说："行了！我知道错了，你别唠叨了。"

探望奶奶时，奶奶想和他聊聊天，他说："奶奶，和你说话太没意思，咱俩有代沟。"

家庭聚会上，一家人其乐融融、有说有笑的。哥哥对王毅说：咱俩给大家唱个歌吧。"王毅嘲笑他说："我才不要，你唱歌简直像青蛙叫。"

专家建议

王毅与家人说话的方式很不礼貌,他的做法令人反感,久而久之,会与其他家庭成员产生隔阂。

★ 礼貌谈话 ★

语气要温和,用词要礼貌;对待长辈要关爱,有耐心,不要大呼小叫。

★ 学会与家人谈话的基本礼仪 ★

家人来谈话,声音不要大,轻声又细语,都来把我夸。

长辈教育我,纠正小过错,耐心听他说,虚心不反驳。

★ 给孩子的话 ★

和家人交流并不是一件很难的事情,认真倾听后,并说出你的想法,才是良好交流的开始。

动脑大闯关

看看下面几位同学和家人谈话的方式,哪些是值得我们学习的呢？

1 叮当微笑着与奶奶聊天。

2 小海和爸爸大吼大叫。

3 妈妈和小宇说话,小宇很不耐烦。

角色大扮演

置换身份，如果你当一天爸爸、妈妈、爷爷、奶奶，你想和自己说什么？

扮演人物
❶ 爸爸。
❷ 妈妈。
❸ 爷爷。
❹ 奶奶。

角色扮演

注意事项
要从扮演角色的角度考虑。

训练目的
换位思考，理解家长，快乐与家长沟通。

能力提升
思维逻辑能力；
语言表达能力。

polite

打破规矩

学习重点

**认清规矩；
遵守规矩。**

英杰最不遵守规矩，特别讨厌规矩，他的座右铭是："打破一切规矩！"

班级里来了一位新同学，自我介绍时，他说自己的名字叫"桂菊"。英杰乍一听，以为他叫"规矩"，对待这位新同学十分不友好，经常捉弄桂菊，并追着桂菊喊打喊杀，吓得桂菊直躲。

老师告诉英杰："同学间相处也要有规矩，既然你捉弄桂菊，我就要按规矩，请你的家长来！"

英杰皱着眉，低着头说："我错了，老师法外开恩。"

专家建议

对待周围的朋友,最基本的相处规矩就是要友爱,随便欺负同学可不行。英杰不遵守规矩,老师自然要批评他。

✱ 认清规矩 ✱

我们所生活的社会,有各式各样的规矩,正确的规矩我们必须认真记牢,并要严格遵守。如课堂纪律、交通规则等。

✱ 遵守规矩 ✱

遵守规矩,养成良好的行为习惯,可以帮助我们处理事务时事半功倍。

✱ 给家长的话 ✱

给孩子树立榜样,平时要注意观察,及时纠正孩子不好的行为习惯,培养孩子做一个规矩懂事的好孩子。

动脑大闯关

这是几位同学生活中的行为片段,他们守规矩了吗?为什么?

1 天一不走大门,喜欢翻墙回家。

2 阿牛把好朋友推倒了。

3 小丽插队玩滑梯。

"规矩"有哪些

做不同的事情有不同的规矩,你都知道哪些规矩?快来测验一下吧。

❶ 吃饭的规矩。
❷ 做客的规矩。
❸ 乘车的规矩。

规矩是什么

注意事项
做不同的事要知道不同的规矩。

训练目的
了解规矩的重要性。

能力提升
语言表达能力;
与人交往能力;
环境适应能力。

polite

为自己服务

--- 学习重点 ---

为什么要为自己服务；
学习自我服务的内容。

小雄是个懂事的男孩子，他平时非常听妈妈的话。但是小雄有一件最不喜欢做的事情——那就是叠被子。妈妈告诉他，好孩子是要自己叠被子的，要学会自己的事情自己做。

虽然明白道理，但小雄还是不情愿，于是他灵机一动，想出一个好主意：他把被子像拧麻花一样拧紧，再卷成一个卷。这样被子就叠好了。小雄的做法对吗？大家都是怎样叠被子的呢？

专家建议

小雄的做法是不对的,叠被子的方法不是关键,关键是小雄没有端正态度,没有为自己服务的意识。

✦ 为什么要为自己服务 ✦

随着年龄的增长,孩子要学会做自己力所能及的事情。这既是文明有礼的表现,也是独立自强的表现。

✦ 学习自我服务内容 ✦

床铺整理不能乱,自己衣服自己穿。
满满一桌香米饭,吃完牢记要刷碗。
自己事情自己做,自强自立好榜样。

✦ 给家长的话 ✦

家长要有意识地培养孩子这种"自我服务"的意识,多督促,多鼓励,在潜移默化中让孩子认识自我服务的重要性。

动脑大闯关

对于为自己服务这一点，每个人的做法都不一样，快去看看,他们都是怎么做的吧。

1 天天早晨起床，自己主动穿好了帅气的新衣裳。

2 鹏鹏每天早晨起床，都要妈妈哄一会儿，不然就会哭闹不止。

3 小兰坐在桌前自己吃饭。

为自己服务训练

在不同的场合中，我们需要为自己服务的方面也不同。来到不同的地方,大家都知道要如何为自己服务吗？快去试一试！

❶ 早晨起床，自己叠被子。
❷ 吃过早饭，洗自己的小碗碟。
❸ 出门前，自己系鞋带。
❹ 上学路上，自己背书包。

地点设置

注意事项

在做的过程中，家长要适当给予提醒和鼓励。

能力提升

独立生活能力；
随机应变能力；
生活处理能力。

训练目的

培养孩子为自己服务的意识。

polite

介绍自己

── 学习重点 ──

学会微笑视人；
学会介绍自己。

袁华转学来到了一个新学校。班主任老师带他来到新班级，让他做一下自我介绍。老师拍了拍袁华的肩膀鼓励他，并示意他站到讲台前做自我介绍。

袁华勇敢地大声说："我叫袁华，袁世凯的'袁'，中华的'华'，我今年8岁，很高兴认识大家，希望和你们成为朋友。谢谢！"

顿时教室里响起了一片掌声，大家都夸袁华介绍得真棒！

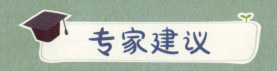

专家建议

袁华的自我介绍超精彩,我们为他鼓鼓掌吧!下面我们也来学学如何漂亮地介绍自己。

✦ 学会微笑视人 ✦

微笑是世界上最美丽的表情,微笑是"无声胜有声"的语言;

微笑传达友善、理解、欣赏、鼓励,多给予别人微笑,能够赢得好感。

✦ 学会介绍自己 ✦

遇到新朋友,脸上微微笑,点头说你好,自我来介绍。

姓名和班级,兴趣和爱好,友好懂礼貌,成为好朋友。

✦ 给家长的话 ✦

家长跟孩子交流时要面带微笑,并鼓励孩子勇敢、积极、友好地与别人交流,这样才会拥有好朋友,获得更多的快乐。

动脑大闯关

朋友之间初次见面,应该怎么做呢?看看下面哪位同学的做法值得表扬?为他点赞吧。

1 琳琳和小波友好地握手,并互相做了自我介绍。

2 悠悠做自我介绍时,薇薇不屑一顾。

一分钟自我介绍

家庭成员之间举行一次比赛，题目就是"一分钟自我介绍"，看看谁的自我介绍最精彩、最漂亮！

具体要求

❶ 介绍姓名、年龄、爱好等。
❷ 吐字清晰、声音洪亮。
❸ 语言简短，有特点。
❹ 身体站直，面带微笑。

注意事项

微笑对视，无论是发言还是聆听，切忌不要表情冷漠或是不屑一顾。

能力提升

语言表达能力；
与人交往能力。

训练目的

勇敢发言，不怯场；
用漂亮的自我介绍为自己加分。

polite

涂鸦杰作

---- 学习重点 ----

不要随处乱画；
养成良好的绘画习惯。

小岩最近学会一个词叫"涂鸦"，他的绘画灵感源自看到很多艺术家在墙上作画。于是一发不可收拾了，在小岩家的墙上、地板上、餐桌上，甚至是床单上到处都是他"涂鸦"的杰作。

小岩还觉得不过瘾，把爷爷收藏的字画也拿来画。

爷爷知道后，差点气得背过气去，大喊小岩是个败家子！

专家建议

小岩乱涂乱画的现象愈演愈烈,有自身贪玩的原因,和家长没有及时教导也有一定关系。

✦ 不要随处乱画 ✦

画画应该画在纸、画布上,不应该在墙面、地板、桌椅等地方随处乱画,更不应该在公共场合到处乱画。随处乱画是非常不文明的行为。

✦ 养成良好的绘画习惯 ✦

绘画可以陶冶情操,良好的绘画习惯可以锻炼孩子的细心、耐心,磨炼孩子的意志;遇到其他人乱写、乱画现象,我们要加以制止。

✦ 给家长的话 ✦

乱写乱画是十分不文明的行为习惯,孩子如果屡教不改,需要家长进行适当的惩罚教育。

动脑大闯关

乱涂乱画可不好，我们看看下面的同学是怎么做的吧。谁做得对呢？为好行为加油哦！

1 小艺要在墙上画画，林海过来阻止她。

2 小严在墙上画了一个小人。

3 小兵在桌子上画了一个五角星。

找一找

许多热门景点处,都会被人写上"到此一游"等字样。大家可以出家门看一看,所在城市的景点有没有这些"字画"。

热门景点

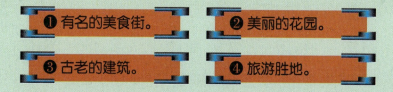

❶ 有名的美食街。
❷ 美丽的花园。
❸ 古老的建筑。
❹ 旅游胜地。

训练目的

发现乱写乱涂现象;
提高环保意识。

能力提升

观察能力;
行动能力。

polite

礼貌留宿

学习重点

不乱翻他人物品；
不打扰他人休息。

李扬和陈泽是一对铁哥们儿。一天，陈泽邀请李阳到他家玩耍、留宿，李扬马上答应了。

李扬把陈泽家当成自己家一样。一进门，他就看见"眼馋"很久的电动小汽车，马上开起来！小汽车横冲直撞，掀起了地毯，撞歪了桌子，碾碎了白纸，把陈泽家变得乱七八糟的。

晚上陈泽爸爸妈妈回家，简直惊呆了！

专家建议

到别人家留宿,不守规矩,会被他人讨厌的。那么如何礼貌留宿呢?可以参看以下几点。

✦ 不乱翻他人物品 ✦

来到陌生的环境,即使对新奇的物品感到好奇,也不能不经同意,随意翻动它们,这会引起物品主人的反感。

✦ 不打扰他人休息 ✦

到他人家中留宿,要配合其他人的作息时间,不要晚睡或者在夜晚吵闹,影响其他人的休息。

✦ 给家长的话 ✦

去别人家留宿时,家长应提前叮嘱孩子:去别人家时,不能任性,要懂礼貌,不要损坏他人物品等。

动脑大闯关

汪华、张力、王浩分别到不同的家庭留宿,他们表现各有不同。请判断一下,谁做得好,谁做得不好,应怎样改进?

1 汪华在留宿的家里,大声看电视到深夜。

2 晚上,张力还一直和留宿阿姨聊天。

3 到了留宿家,王浩晚上九点就乖乖睡下了。

留宿卡片

你留宿时,是如何表现的呢?来测验一下吧,周末到亲戚家留宿一晚,让亲戚在留宿卡片上为你打分,你能打满分吗?

> 20分1题,共5题
> ❶ 不乱翻东西( )。
> ❷ 不吵闹( )。
> ❸ 不乱跑( )。
> ❹ 不欺负他人( )。
> ❺ 尊重他人的作息时间( )。
> 我得了( )分。
>
> **留宿卡片**

注意事项

离开留宿的地方时,要感谢留宿家庭。

训练目的

礼貌留宿;
提高适应环境的能力。

能力提升

与人相处能力;
适应环境能力。

polite

待客之道

> 学习重点

会说礼貌用语；
学会待客礼仪。

方舟学习成绩好，经常得到表扬，是父母心中的骄傲，在家更是饭来张口，衣来伸手。正是这样，方舟与人相处时不懂礼貌谦让，越发霸道自私。

一天，妈妈的同学来做客，妈妈对方舟说："这位是林阿姨。"方舟"嗯"了一声，转身就走了。晚饭时，方舟没等客人入座，便一屁股坐在正位上，把自己爱吃的菜都端到自己跟前大口吃了起来。

方舟的做法，让妈妈感到非常尴尬……

专家建议

方舟的做法是不对的，他的妈妈也疏忽了对孩子的礼仪教育。良好的礼仪是人际交往的名片，那么如何做到礼貌待客呢？

★ 会说礼貌用语 ★

按年龄大小正确使用称呼，如叔叔、奶奶等，并主动与客人打招呼；

学会说"你好、再见、请坐"等礼貌用语，逢年过节时会说一些吉祥话。

★ 学会待客礼仪 ★

家中来客人，热情迎进门；礼貌来介绍，请字挂嘴边；客人要上座，端水摆糖果；安静不乱跑，微笑来聊天；用餐有讲究，优雅讲文明；客人离开时，快乐说再见。

★ 给家长的话 ★

家长要给孩子树立良好的榜样，良好的礼仪习惯要从小培养。关注孩子成长，不仅仅是智商，更要重视孩子的情商教育。

动脑大闯关

家里来了客人,请你看看下面哪位同学的做法是对的,在正确的做法后面点赞。

1 YY安静地听妈妈和客人聊天。

2 妈妈和客人聊天时,小辉乱蹦乱跳。

3 爸爸给客人拿水果吃,小巍不让。

待客礼仪训练

设置不同场景，家长扮演不同角色的客人，由孩子做主人，想想应该如何招待好不同的客人呢？Ready？Go！

❶ 小伙伴来到我家做客。
❷ 爷爷、奶奶来看我。
❸ 爸爸的同事来做客。
❹ 老师来家访。

场景设置

注意事项

正确使用称呼用语；

接待不同客人要注意细节。如拿玩具与伙伴分享，搀扶老人进屋等。

能力提升

语言表达能力；
随机应变能力；
人际交往能力。

训练目的

练习礼貌待客，学会待客礼仪。

polite

道德绑架

学习重点

相互帮助；
友好相处。

金鹏和朱蒙两家是门对门的邻居，两人经常结伴上学。

路上金鹏向朱蒙借玩具车，朱蒙摇摇头说："好借好还，再借不难。你只借不还，再借艰难！"

"邻里之间要互助，你必须得借给我！"金鹏说。

"你这是道德绑架！"朱蒙气愤地回了一句。

"我要去告诉你爸爸，你不帮助我。"金鹏不依不饶。

"哼！你不守信用，谁都不会相信你的。"朱蒙回答。

专家建议

金鹏的做法是不对的。他以邻里间要互相帮助为借口，强行借朱蒙的玩具车。这种不守信用、不知感谢的做法是不可取的。

★ 相互帮助 ★

俗话说"远亲不如近邻"，由于相隔不远，邻里之间寻求帮助更加便捷，但是注意帮助是相互的，不能一味寻求帮助。

★ 友好相处 ★

见面主动打招呼；

产生矛盾，要平心静气地商谈解决，不要大声争吵，以免激化矛盾。

★ 给家长的话 ★

家长要给孩子做榜样，只有家长以身作则，做到与邻居和谐友爱，孩子才能够跟着效仿。

动脑大闯关

如何与邻居友好相处?看看下面几位同学的做法,谁的做法值得表扬呢?为他点赞吧!

1 小梦遇到邻居阿姨主动打招呼问好。

2 肖萌把铅笔借给了住在隔壁的黄耀。

3 肖萌大声呵斥黄耀只借不还的行为。

给予邻居小帮助

生活中，看看我们能帮邻居做哪些事情呢？多一些"小帮助"，对和谐的邻里关系，是件多么快乐的事情啊！

> 帮助邻居做的事。
> ❶ 帮邻居扔垃圾。
> ❷ 帮邻居拿菜篮。
> ❸ 教邻居同学做功课。

邻里互助

注意事项
帮助邻居时，要量力而行。

能力提升
动手动脑能力。

训练目的
学会关心他人，克服自私、骄纵等不良思想。

polite

学会说"谢谢"

---学习重点---

懂得感恩；
学会说"谢谢"。

昊天是个"小土豪"，他的口头禅是："钱能解决的都不是事！"。

这天，昊天去买冰激凌。冰激凌车前的队伍像长龙似的，没有尽头。

昊天习惯地来到队伍前面，对售货阿姨说："阿姨能不能先给我打冰激凌啊？"

阿姨开玩笑地说："小同学，我可以帮助你，但你如何感谢我呢？"

昊天说："我多给你钱呗。"阿姨摇摇头说："我想要你心里说出的感谢，你能做到吗？"

昊天疑惑了……

专家建议

昊天过于注重金钱的作用,却忽视了内心的感恩。这种时候往往一句真诚的"谢谢",更加珍贵。

✶ 懂得感恩 ✶

感恩是中华民族的传统美德;感恩让人更温暖,让社会更和谐;学会感恩,让情谊更长久。

✶ 学会说"谢谢" ✶

朋友帮助了我,要对帮助表示感谢,说一声"谢谢",朋友会从中感受到你的谢意。

✶ 给家长的话 ✶

家长也要培养孩子乐于助人的好品质,激发孩子的同情心,同时也要告诉孩子助人为乐需要有一颗真诚的心,而不是为了达到某种目的才付出的行动。

动脑大闯关

得到帮助要向对方表示感谢,看看下面两幅图,哪位同学做得对呢?

1 娜娜向同学借完铅笔后,礼貌地说"谢谢"。

2 齐齐邀请小刚一同打伞,小刚没道谢,还把雨伞都拽到了自己这边。

你会说"谢谢"吗 一起做游戏

"谢谢"是最基本的礼貌用语,但是面对任何帮助,我们都应该说"谢谢"吗?

注意事项

注意明辨是非;

感谢应发自内心。

训练目的

增强孩子对"谢谢"的深层次理解,不要一味说"谢谢";

对于正确的帮助,我们要发自内心地去感恩。

❶ 李涵把作弊小抄借给你。
❷ 蓝天把好吃的与你分享。
❸ 耀天偷拿妈妈的钱,请你吃饭。

是否该感谢

能力提升

是非分辨能力;

思考能力。

polite

文明之行

学习重点

衣装得体；
准时赴约；
学会文明做客。

穆楠和爸爸去叔叔家做客。一进门，穆楠微笑地向叔叔问好。叔叔直夸小楠懂礼貌。叔叔端上大大的水果盘，并挑了一个又大又红的苹果给穆楠，"谢谢叔叔"，穆楠接过苹果高兴地吃了起来。

爸爸和叔叔聊天，穆楠便安静地坐在旁边自己看书。在叔叔家吃过晚饭后，穆楠和爸爸要回家了，穆楠向叔叔挥手告别，并热情地邀请叔叔去自己家做客，叔叔直夸穆楠是个懂事的好孩子。

专家建议

穆楠做得很棒!要知道文明礼貌的行为会给你"加分",那么外出做客时,如何让自己变得更受欢迎呢?

★ 衣装得体 ★

根据出席的场合,正确选择着装。一般情况下,衣着干净整洁即可。

★ 准时赴约 ★

有时间观念,要按约定时间准时赴约;如有急事不能如期赴约,要电话告知对方,并表示歉意。

★ 学会做客礼仪 ★

拜访有讲究,进门说您好。做客守规矩,物品不乱动。主人来款待,谢字不能少。出门要道别,微笑说再见。

★ 给家长的话 ★

家长平时要教给孩子一些做客的基本礼仪,并告诉孩子文明的行为举止是尊重别人,也是尊重自己的表现。

动脑大闯关

去别人家做客时，应该注意哪些呢？下面三位同学的做法，你认为谁做得对，就去给他点赞吧。

1 晨晨不换鞋就进屋了。

2 丁丁接过主人的水果，礼貌地说"谢谢"。

3 丽丽微笑地与主人道别。

拜访邻居

让妈妈扮演"邻居",孩子作为客人去拜访"邻居",作为客人,应该如何表现呢?

注意事项

事先了解主人的性情、喜恶;

也可为主人准备一份小礼物;

注意细节,如进门换鞋、不大声喧哗等。

训练目的

勇敢地和较为陌生的人进行交流;学会文明做客。

重要环节

❶ 如何敲门。
❷ 见面与主人打招呼。
❸ 在主人家如何表现。
❹ 离开时与主人道别。

能力提升

语言表达能力;
与人交往能力;
环境适应能力。

polite

你真够意思

―― 学习重点 ――

借东西前先询问；
爱惜使用；
按时归还。

"星海，这是之前向你借的盾形战甲。上次战斗时，不小心损坏了，我买了套新的还给你。"

"宙宇，你真是讲信用，下次什么东西不够用，可以再向我借。"星海说。

"嘿嘿，那太好了。你真够意思。"宙宇伸出大拇指高兴地说道。

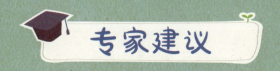

专家建议

借物品却不归还,会造成物品主人的不满,也会影响借物者的信用,情况严重时,甚至会引发诚信危机。

✦ 借东西前先询问 ✦

借物品时,要先询问物品主人,得到物品主人的同意后,才能取走物品。如果物品主人不愿意,也不能强迫威胁。

✦ 爱惜使用 ✦

借到物品后,要小心使用,爱惜物品,不要因为物品不是自己的,就随意毁坏,差别对待。

✦ 按时归还 ✦

用过物品后,要按时、及时归还,这样才能赢得物品主人的好印象,也方便下次借用。

动脑大闯关

每个人借东西的方式各有不同,谁的态度对,谁的不对?

1 周宇小心地把书本还给奇美。

2 "王棋,给我你的练习本。"叶勤说。

3 王可把借来的笔扔在地上。

信用大调查

平时借东西，你有好好爱护、按时归还吗？其他人愿意把物品借给你吗？快去试试看，都能借到这些东西吗？

借物清单
❶ 珍贵卡片。
❷ 有趣玩具。
❸ 新钢笔。

注意事项
借不到物品，不要气馁。信任是需要慢慢积累的。

训练目的
明白借物归还的重要性；
懂得做事情要讲诚信。

能力提升
语言表达能力；
自身信誉度。

polite

两个哈欠丢了玩偶

学习重点

打哈欠要注意场合；
打哈欠时注意仪态。

岳峰每次打哈欠，从来不捂嘴，他总是张大嘴巴，向后仰头，然后闭上嘴，沉下脑袋，看起来就像是在点头。

一次，爸爸对他说："你最喜欢的蜘蛛侠玩偶，卖断货了。"而此时正赶上岳峰困得不行，正在打哈欠。

爸爸惊讶地看着岳峰点头，说道："儿子真变懂事了！这回你一定不会让爸爸去外地给你买玩偶了吧？"岳峰又打了哈欠。

爸爸高兴地直夸岳峰，而可怜的岳峰，两个哈欠丢了玩偶。

专家建议

岳峰如果遵守打哈欠的礼仪,就不会产生误会了。打哈欠时,要注意以下几点:

✹ 打哈欠要注意场合 ✹

在开会或别人讲话时打哈欠,会让人误以为,听话者对讲话内容不耐烦,不愿意继续听下去。

✹ 打哈欠时注意仪态 ✹

哈欠可是会"传染"的,对着别人打哈欠,容易让别人产生困倦感,也想跟着打哈欠。所以打哈欠时,尽量避开人,并用手捂住嘴巴,这才是礼貌的做法。

✹ 给孩子的话 ✹

打哈欠时,也是大脑在提醒你需要休息一下,这时尽量闭目养神或是睡一会儿,养足精神再继续学习或玩耍。

动脑大闯关

中午时分,同学们都困了,几个同学打起了哈欠,谁的做法是礼貌的,请给他点赞。

1 晓峰对着老师打哈欠。

2 李宇张着嘴巴对安淼打哈欠。

3 小娟用手捂着嘴巴打哈欠。

"哈欠"大考验

不同的场合，面对不同的人，如果需要打哈欠，应该怎么做呢？

注意事项

打哈欠能缓解疲劳；注意劳逸结合。

训练目的

注重生活细节，提升自身修养。

场景设置

如下场景打哈欠。
❶ 老师在讲话。
❷ 同学在聊天。
❸ 一个人在花园。

能力提升

行为表达的能力；
待人接物的能力。

polite

没时间接电话

学习重点

礼貌用语；
接打电话的礼仪。

"叮铃铃……"电话响了，小祥正在看动画片，被突如其来的电话声给打扰了，很不高兴，他慢吞吞地走过去，拿起电话："喂？你谁呀？"

"你好，请问你爸爸在家吗？"电话的另一头传来一名男子的声音。

"不在家。我要去看电视了，你等会再打吧。"小祥着急去看动画片，不等对方回话，"啪"的一声便把电话挂了。

小祥的做法正确吗？为什么？

专家建议

小祥的做法是很不礼貌的行为。电话是人们生活必不可少的沟通用具,那么如何正确接打电话呢?

★ 礼貌用语 ★

了解接打电话的礼貌用语,如"你好""再见""请稍候"等;

说话语气要温和,态度要端正。

★ 接打电话的礼仪 ★

电话铃声响,轻轻拿起它,开口说你好,细语慢慢聊。

口齿要伶俐,吐字要清晰,挂断电话时,友好说再见。

★ 给家长的话 ★

一个人的举止言谈、礼貌修养等基本素质都可以通过电话传播出去,因此在家庭教育中,家长可通过做示范,教会孩子如何接打电话。

动脑大闯关

下面接电话的场景中,哪些做法是正确的呢?请点赞。

1 元元:"你好,请问找哪位?"

2 芳芳:"我爸爸不在家,找他干嘛?"

3 大力:"叔叔,再见。"

电话巧连线

如果有电话,正巧你正在忙或者心情不佳时怎么办?面对这种情况,你能够正确接打电话吗?

场景设置

❶ 老师打电话,可是爸爸不在家。
❷ 小江打电话问数学题,我也不会。
❸ 多多接到求救电话。

注意事项

接到求救电话,可以询问父母或直接拨打110或120。

训练目的

学会处理突发事情的能力;培养耐心。

能力提升

随机应变能力;
突发事件的处理能力。

polite

击鼓传球的道理

―――― 学习重点 ――――

双手接物；
安全传递物品。

大家玩"击鼓传球"，鼓声停止，球落到谁的手里，谁就要上台表演节目。

刘子豪最怕表演节目了，他现在好紧张啊。球飞速地传递着，伴随着鼓声结束，刘子豪飞速将球扔给了旁边的曲胜。他心想：终于把这个"烫手的山芋"扔出去了，这下不用表演节目了。

可是由于用力太大，球砸到了曲胜的眼睛上，疼得曲胜直叫唤，眼泪都下来了。

这下刘子豪傻眼了，不知道该怎么办了？

专家建议

传递物品时要有礼貌,并注意细节。现在让我们一起来看看下面几点建议:

✱ 双手接物 ✱

传接物品时,要双手接取或者双手递出,这是礼貌待人的方式。

✱ 安全传递物品 ✱

传递沉重、易碎、尖锐等较为危险的物品时,不要随意扔给对方,以免伤人,尤其在传递剪刀、玻璃杯、较重的货物等,更要认真细心地递到他人手中。

✱ 给孩子的话 ✱

完成传递之后,对于别人的帮助,要表示感谢,这是最基本的礼貌。

动脑大闯关

同学们正在玩传递游戏呢？快去看看，谁传递礼仪做得好，谁传递得不好吧。

1 小琪用双手递球给唐心。

2 李刚单手接物品。

3 王阳递剪刀时，把剪刀尖端对着刘洋。

传递大赛

同学们围坐在一起，依次传递不同物品。几轮后，谁传递的动作最规范，谁就是优胜者。

❶ 传递尺子。
❷ 传递剪刀。
❸ 传递颜料。

传递物品

注意事项
传递尖端物品时，要注意安全。

能力提升
思维反应能力。

训练目的
提高反应速度；
规范行为动作。

polite

撞倒人了

学习重点

及时道歉；
将人扶起。

学校组织同学去郊区果园采果子，同学们兴高采烈地出发了。

刘庆捧着圆圆的大西瓜在前边走，李武从他身边跑过时，不小心把刘庆撞倒了，结果刘庆和大西瓜一起摔在了地上，西瓜摔碎了，刘庆的衣服也被染上了红色的西瓜汁。

李武没有理刘庆，自己跑开了。刘庆自己站起来，又去摘樱桃。

李武大笑地对刘庆说："你这是丢了西瓜捡'芝麻'！"

大家说，李武的做法对吗？

专家建议

李武的做法非常没有礼貌,撞到别人后,既不表现出歉疚,也不主动承认错误。撞倒别人后,正确的做法有以下几点:

✸ 及时道歉 ✸

不小心撞倒他人时,要及时说"对不起",征得他人的谅解,化解矛盾。

✸ 将人扶起 ✸

撞倒他人后,要小心地将其扶起。不要因为害怕被责怪而躲开,或是把撞倒的同学丢在一边,这些是十分失礼的行为。

✸ 给孩子的话 ✸

被撞倒的同学,心里一定会感到委屈或愤怒。所以,撞倒别人后,要及时道歉,耐心安慰,不能置之不理,甚至是嘲笑。

动脑大闯关

看,有人被撞倒了!撞的人会怎样处理这件事呢?谁的做法值得我们学习呢?

1 闹闹扶起刘欢,并且拍掉了她身上的灰。

2 海涛不管被他撞倒在地上的陈星。

3 刘福向被他撞倒的小佳道歉。

撞倒别人，怎么办

假设撞倒了不同的人，你会怎么办？要如何请求原谅，并且安慰好被撞倒的人呢？

被撞的人
❶ 撞倒男同学。
❷ 撞倒女同学。
❸ 撞倒老奶奶。

注意事项
撞倒别人后，除及时道歉，还要检查是否有受伤的情况。

训练目的
增加责任感，勇敢承认错误。

能力提升
语言表达能力；
认错自省能力。

polite

诚信 90 分

---学习重点---

**诚信的重要性；
诚信的具体表现。**

今天一整天林林都唉声叹气的，原来他的数学成绩只得了 70 分，最重要的是妈妈答应林林：数学成绩达到 90 分就会给他买心仪已久的玩具——变形金刚。

林林好喜欢变形金刚啊！这下得不到了，怎么办？于是他灵机一动，想出了一个鬼主意：买来红墨水，把"7"改成"9"，想蒙骗过关，大家说他会成功吗？你有没有过这样的经历呢？

专家建议

弄虚作假的行为终究会被识破,林林一次考不好没关系,下次再接再厉,要知道诚信是做人的基本。

★ 诚信的重要性 ★

待人诚恳热情,会有好人缘,拥有好朋友;
做事诚实守信,会事半功倍,拥有好成效。

★ 诚信的具体表现 ★

说话做事讲诚信,作假早晚被人知。犯了错误敢承担,不要逃避或隐瞒。

撒谎骗人不可取,失信于人下场惨。诚实守信记心间,优秀品德人夸赞。

★ 给家长的话 ★

一些孩子会有撒谎的毛病,家长先要了解孩子撒谎的原因,如怕受批评或挨打等等,然后再针对原因正确处理孩子犯下的错误。

动脑大闯关

看看下面哪位同学是诚实守信的好孩子？伸出你的大拇指为他点赞吧。

1 阳阳没写完作业却和妈妈撒谎。

2 小齐因贪玩没写完作业，主动跟妈妈承认错误。

"诚信"大收集

以诚实守信为主题，展开一次有趣的家庭"诚信"大收集活动。通过不同的方式理解诚信的含义。

收集方式
❶ 讲述诚信故事。
❷ 寻找关于诚信的俗语或成语。
❸ 自我反省。
❹ 面对各种诱惑，如何做到诚信。

注意事项
可以通过网络查询；
诚信故事要记住。

训练目的
　　理解诚信，学会真诚待人；
　　知错就改，承担责任，学会道歉。

能力提升
　　正确认知能力；
　　社会责任感。

polite

你是外国人

学习重点

不要指指点点；
不要围观。

杜洋和妈妈逛街时看到一群外国人，他指着一个人大声地说："妈妈，看那个人皮肤黑得像巧克力。"

又指着另一个人大喊："那个人皮肤白得像牛奶。"

妈妈摇头说："指着人说话很不礼貌。"

杜洋不以为然地说："怕什么，他们又听不懂中国话。"

谁知道杜洋刚才指着的两个人走过来，笑眯眯地指着杜洋，用汉语说："这个人黄得像香蕉！"

专家建议

杜洋的做法显然是不礼貌的。对人指指点点,既没有礼貌与修养,被指指点点的人也会觉得被冒犯。

✦ 不要指指点点 ✦

无论是中国人,还是外国人,不要对他们的相貌等品头论足,对他人指指点点,很不礼貌,也会让别人感到不舒服。

✦ 不要围观 ✦

遇到外国人时,不要围观,这样的行为既不礼貌,也容易造成交通拥堵。

✦ 给孩子的话 ✦

很多外宾在肤色或相貌上,与我们中国人的不太相同,但我们同样都是住在地球的居民,所以大家不要有歧视心理或者过度好奇的表现。

动脑大闯关

几个好朋友在公园里碰到了几位外宾，大家的表现各有不同，快来看一看吧。

1 刘柳在外宾后面指指点点。

2 萍萍在外宾身边打打闹闹。

3 张放遇到外宾时，主动问好。

英文"秀一秀"

遇到外宾时,同学们会用英语说一些简单的礼貌用语吗?快来试一试吧。

❶ 你好、再见。
❷ 见到你很高兴。
❸ 欢迎你来到中国。
❹ 没关系。
❺ 谢谢。

汉译英

注意事项

与外国人沟通时,也可以用肢体语言来表达。

训练目的

试着与外国人用英语交流;勇敢大方,不胆怯。

能力提升

语言表达能力;
与人交往能力。

不小心拿了别人的东西

学习重点

克服虚荣心；
加强自制力。

开学了，同学们都带来了自己的新"装备"，崭新的书包、文具盒、钢笔等。

哎呀，怎么只离开一节体育课的时间，东西都不见了？同学们可都急坏了。

最后在王强的书包里发现了所有的文具。王强支支吾吾地说："我可不是随便拿你们的东西，我这是借！"

王强这是借东西的做法吗？

专家建议

王强的行为根本不是"借"。借东西的时候要问过东西的主人,没问过的就是"随便拿"的行为。

★ 克服虚荣心 ★

过度的虚荣心会让人迷失,无法满足的虚荣心更是会让人做出错误的事情。

★ 加强自制力 ★

自制力是自己控制自己的能力,当你想要"随便拿"别人的东西时,要经得住诱惑,不做违反道德和法律的事情。

★ 给家长的话 ★

要帮助孩子认清"借"和"偷"的区别;培养孩子养成良好的行为习惯,其中就包括,不要随便拿别人的东西。

动脑大闯关

随便拿别人的东西很不礼貌,看看下面两位同学面对"诱惑"时,谁做得对呢?

1 群群:"文具盒真漂亮,不过不是我的我不拿。"

2 刘放:"反正没人看见,这个书包我拿走了。哈哈。"

该不该拿

在不同的场景，面对各种诱惑，是否能依然做到有礼貌，取东西前，仔细询问？来说说在下面的场景中，你会怎么做。

场景设置

❶ 想玩爸爸的电脑。
❷ 想用同学的水彩笔。
❸ 需要取零花钱。

注意事项

克服虚荣心要慢慢来；
增强自制力要持之以恒。

能力提升

社会生活能力；
行为处事能力。

训练目的

克服诱惑与虚荣心，不乱动别人的东西。

polite

精致的手机

— 学习重点 —

做人不能贪心；
拾金要不昧。

刘宁起床去上学。早晨春光明媚,他踏在小区的小路上,突然发现草坪上有一个亮晶晶的东西,捡起来一看原来是一部精致的手机。

从手机的外形就能看出,这部手机一定价值不菲,但是刘宁并没有占为己有,因为他知道,失主丢了手机,一定很着急!

于是,他飞快地跑到门卫室,将手机交给值班的保安叔叔,希望叔叔能够帮忙找到失主。果然,刘宁下午回家,听说失主找到了,这才放心。

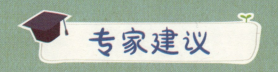

专家建议

毋庸置疑,刘宁的做法十分正确,但是要做到拾金不昧却不是那么容易的,必须要做到以下几点:

✦ 做人不能贪心 ✦

做人凭良心,不可因一时贪心,将别人的东西据为己有;

控制住欲望,一步一个脚印,踏实做人,诚信做事。

✦ 拾金要不昧 ✦

拾到钱与物,耐心等失主,如果无人领,主动要交公。

拾金要不昧,从小就学会,贪心不可有,美德不要丢。

✦ 给孩子的话 ✦

拾金不昧是中华民族的传统美德。拾到东西要及时归还给失主,或许因为你的一个举措,就能帮别人一个大忙,甚至是拯救一个生命。

动脑大闯关

下面的同学拾到东西时,谁的做法值得学习呢?

1 周天拾到钱包后在原地等待失主。

2 媛媛捡到衣服交给了老师。

3 丁丁把拾到的东西藏了起来。

表演"拾金"

"拾金不昧"这个故事自古有之，之后演化为成语，被人们口口相传。这个故事是：秀才捡到百两银子，家人劝他留下，他却还给了失主。

❶ 扮演秀才。
❷ 扮演失主。
❸ 扮演失主家人。

扮人物演戏

注意事项

配合道具使用，表演起来会更生动形象。

能力提升

自控能力；
行动能力。

训练目的

了解拾金不昧的故事；
学习拾金不昧的好品质。

polite

有话要说

—— 学习重点 ——

懂得倾听；
学习谈话礼仪

张鹏是个能说会道的孩子，小小年纪说起话来滔滔不绝的。

一天，张鹏和表弟去玩羽毛球。他们决定打场比赛，可是比赛就要有比赛规则，于是张鹏也不管表弟的意见，自顾自地把自己平时玩羽毛球的规则都一股脑儿地说了出来，好几次表弟想发表意见，都被张鹏高分贝的声音"盛气凌人"地压了下去。

最后表弟忍无可忍，生气地跑了。

专家建议

玩的目的是获得快乐,所以相互谦让、平等交流很重要,故事中张鹏的做法是不对的。那么与人谈话时应该注意哪些呢?

★ 懂得倾听 ★

与别人谈话时,懂得倾听也是对别人的一种尊重。

倾听时要做到"眼到""口到""心到",即会观察、勤思考、勇于表达。

★ 学习谈话礼仪 ★

朋友谈话要记牢,文明用语不能丢。声音语速掌握好,面带笑容会交流。

朋友讲话我倾听,东张西望可不好。不吵不闹慢慢聊,大家夸我好孩子。

★ 给家长的话 ★

家长要告诉孩子在说话过程中,不要自说自话,要注意停顿,学会倾听别人的意见,给对方说话的机会,这样才能与人更顺畅地交流。

动脑大闯关

与朋友交谈时,下面三位同学谁的做法是正确的呢?

1 浩然和同学争论得面红耳赤。

2 伙伴讲话时,美美低头玩玩具。

3 小勇和伙伴谈话时面带微笑。

快来"谈一谈"

语言是一门艺术，会说话，说好话，不仅能够使听话人身心愉悦，也能帮说话人赢得好的社交友谊。而说好话的前提就是多联系。

谈话练习

遇到这些谈话对象，应如何处理？
❶ 江涛是个"闷葫芦"。
❷ 陈浩正伤心地哭着。
❸ 小俊说话真能气死人。

注意事项

注意谈话言语，要生动有礼貌；

注意谈话对象，有针对性，才能更好沟通。

能力提升

语言运用技能；
沟通交往技能。

训练目的

能够与周围朋友、同学积极沟通，提升交往能力；

更好掌握语言的使用方法。

polite

书店故事多

── 学习重点 ──

保持安静；
书店阅读礼仪。

磊磊和孟凡去书店看书，孟凡拿了一本漫画书津津有味地看了起来。漫画太有趣了，孟凡乐得前仰后合，"哈哈"大笑起来，完全沉浸在自己的漫画世界里，丝毫没有觉察出自己的行为影响了其他人的正常阅读。

磊磊走到孟凡身边，提醒他说："嘘，小声点。保持安静，否则会影响到其他人的。"

孟凡赶紧左右看了看，捂住嘴，轻轻地点了点头。

专家建议

书店属于公共场所,在这里看书要讲文明,除了保持安静,还应注意哪些问题呢?

★ 保持安静 ★

在书店阅读时,要保持安静,不要大声喧哗,轻声慢读,尽量默读,避免影响他人阅读。

★ 书店阅读礼仪 ★

书店阅读不喧哗,保持安静请默读。边吃东西边翻书,这种行为要不得。

拿走需要买下它,不要私自带回家。不涂不画不乱折,轻拿轻放爱护它。

★ 给家长的话 ★

阅读可以获取知识,提高思维能力。在书店或图书馆阅读时,满足自己求知欲的同时,不要打扰别人的正常阅读。

动脑大闯关

下面三幅图,哪位同学的做法是正确的呢?

1 小涛在书店大声喧哗。

2 伟林在书店安静地看书。

3 波波爱护书籍不乱折。

书本大抢救

有几本书受到了"伤害,濒临灭亡,"我们能把这些书"抢救"回来吗?

❶ 被水泡皱的书。
❷ 被撕两半的书。
❸ 被刀划坏的书。

如何抢救

注意事项

修复工具要小心使用,不要伤到自己;

做事情要有耐心。

训练目的

爱护书籍,同时锻炼动手能力。

能力提升

培养耐心;

培养自己的同情心和爱心。

丢失的绿荫

学习重点

热爱自然；
爱护环境。

树林边，被截断的树木被一大卡车又一大卡车地运送出去。

看到这些，马力很沮丧地说："看看环境被破坏成什么样！"

大棚却不能理解，他说："几棵树而已，有什么大不了！"

转眼间冬去夏至，大鹏却发现，这附近的树木几乎都被砍光了，他再也找不到一处可以为他提供阴凉的树荫了。

他好后悔，当初没有保护树木。可惜现在后悔也来不及了，要知道一课大树长成最少需要十几年。

专家建议

爱护环境是一个循序渐进的过程,需要人类长期不懈地进行下去。环境被破坏殆尽,人类也将难以生存。

✱ 热爱自然 ✱

大自然是人类成长的大课堂,那里有温暖的太阳,新鲜的空气,还有美丽的风景,只有关爱它,人类才能得到更多健康美好的回馈。

✱ 爱护环境 ✱

为了明天更美好,环保意识要提高。垃圾不能随处扔,大树不能乱踢踹。

草坪不能随意踩,鲜花不要随便摘。干净舒心好环境,人人看了都喜爱。

✱ 给孩子的话 ✱

我们生活的自然环境就是我们每个人的家,只有爱护好家庭环境,也就是自然环境,才能更加舒适地生活。

动脑大闯关

爱护环境人人有责,看看下面几位同学的表现,谁能获得赞呢?

1 硕硕在草坪上踢足球。

2 帅帅用脚踢大树。

3 指示牌倒了,蕊蕊和润润把它扶起来。

爱护动植物

为了更好地保护环境，我们需要了解动物的习性及植物的生长规律。做一做右面的小游戏。

❶ 蛇的习性。
❷ 梅花的生长规律。
❸ 老虎的习性。
❹ 梧桐的生长规律。

了解动植物

注意事项

多渠道地收集信息，更细致地了解你想知道的动植物。

能力提升

自我学习能力；
细心观察能力。

训练目的

了解不同动植物的习性及生长规律，有针对性地保护它们。

polite

独自回家

> 学习重点

态度有礼；
表达清楚。

妈妈告诉张田，今天父母有事不能来接他，需要他自己放学回家。

回家的这条路，他和爸爸、妈妈走过许多次了，所以张田觉得自己回家很简单。

可是走着走着，张强分不清东西南北了，他迷路了。冷静了一会儿，他想起自己所住的小区名字：幸福小区，小区门口还插着一面彩旗。于是他打算向路人寻求帮助。

张强鼓起勇气，礼貌询问，最后在一位老大爷的帮助下，张田平安到家了。

专家建议

张田迷路时,表现得浪镇定,回忆起小区的名字及突出标志,并及时询问路人,最终平安到家。你会问路吗?问路时应注意哪些呢?

✻ 态度有礼 ✻

问路时要态度好,语气诚恳、温和,这样才能使人们乐于帮助你;

会说礼貌用语:如你好、再见、谢谢等。

✻ 表述清楚 ✻

问路时,要仪态大方,不要畏缩害怕,一定要表达清楚自己所要去的目的地,否则他人是无法帮助到你的。

✻ 给家长的话 ✻

在生活中,可以锻炼孩子的问路能力,这既有利于独立思维的形成,也有利于培养孩子对突发事件的应对能力。

动脑大闯关

下面这几位同学迷路了,大家决定都去问问路,几个人中,谁做得最好呢?

1 小放对阿姨说:"阿姨,请问解放路怎么走?"

2 阿球对路过的叔叔说:"快告诉我解放路在哪?"

3 小芳问路后向阿姨微笑表示感谢。

问路大比拼

你对自己的问路能力有信心吗？如果有信心，就和同学们来一场比赛吧，看看谁能最快地找到目的地。

❶ 班主任的家。
❷ 游泳馆。
❸ 博物馆。
❹ 图书馆。

快速找地点

注意事项

如果一次没打听清楚，可以多询问几个人；

要与伙伴结伴同行，注意交通安全。

能力提升

随机应变能力；

与人交往能力；

环境适应能力。

训练目的

礼貌问路；

迷路时，要积极主动去解决问题。

polite

金钱买不到的孝心

学习重点

**感恩父母；
孝顺父母。**

今天的作文题目是《做孝顺父母的好孩子》。

小钟犯了难，他想：我没赚到钱怎么"孝顺"呢？原来小钟看到逢年过节，爸爸、妈妈都会给他们的父母买很多营养品、价格昂贵的衣服，还会给他们送红包……

小钟沮丧地把自己的想法告诉了妈妈。妈妈笑着说："孝顺不是用钱衡量的。小钟每天都会陪妈妈聊天，帮我做家务，这不就是孝顺嘛！"

小钟听后，对妈妈说："我多陪陪妈妈，那你和爸爸也要多陪陪你们的父母才对啊。"

专家建议

孝敬父母是中华民族的传统美德，如何做一个孝顺懂事的孩子呢？

✦ 感恩父母 ✦

感恩父母，关爱父母，就是关爱未来的自己；

感恩父母，不是宏大的主题，是一种习惯，从细微处做起，是举手之劳的幸福。

✦ 孝顺父母 ✦

爸爸和妈妈下班回到家，每天很忙碌，把我抚育大。

爸妈快坐下，喝茶解解乏，捶腿揉揉肩，你们辛苦啦。

✦ 给家长的话 ✦

家长平时多给孩子讲一些感恩父母的故事；多和孩子谈谈自己的想法，增进亲子感情；家长偶尔依赖一下孩子，孩子会觉得有成就感，慢慢地懂得关心照顾父母。

动脑大闯关

工作了一天的爸爸回来了,你应该怎样做呢?看看下面谁的表现好?

1 爸爸很疲惫,但张林还是吵着让爸爸陪他玩玩具。

2 佳佳主动帮爸爸拿了一杯水。

如何孝顺

父母给予我们生命,不辞辛劳养育我们。我们敬爱着他们,想孝顺他们,要如何做呢?

❶ 听妈妈的话。
❷ 给爸爸揉肩膀。
❸ 为爷爷夹菜。
❹ 帮妈妈做家务。

表达孝顺

注意事项
力所能及就可以,表达孝顺的方式有很多种。

训练目的
孝顺父母从小做起。

能力提升
思维锻炼能力;
行动认知能力。

polite

如厕有讲究

学习重点

分清男女标识；
讲卫生；
节约用水。

王云天和王登云是一对双胞胎兄弟，他们两人长得像极了，形影不离。

他们穿同样的衣服，吃相同的饭菜，居住在一起。

一天，王云天突然觉得不舒服，觉得自己要变成"火球"了。

检查后得知，王云天是因为病毒进入肠胃，才发烧的。

大家奇怪了，为什么王云天生病，王登云却没事呢？毕竟他俩天天在一起。

王云天仔细回想，最后不好意思地说："我上过厕所，从不洗手，王登云每次都洗手。"

专家建议

如厕之后不洗手，会留下很多健康隐患。细菌们会随着手，四处散播到玩具、书本、食物上，最后进入到我们的肚子里。

✦ 分清男女标识 ✦

如厕分清男女，洗手间一般用汉字、英文或图片标注，要注意区分，以免入错。

✦ 讲卫生 ✦

如厕之后要注意卫生；便后冲水，及时洗手，爱护公共环境。

✦ 节约用水 ✦

洗手、冲水过后，要注意节约用水，记得要关闭水龙头，不要玩水，更不要在洗手间嬉戏打闹。

动脑大闯关

学校组织看电影,中午休息时,同学们去洗手间如厕。几位同学的表现各有不同,大家看看谁做得最好。

1 小林和阿梅如厕之后,在水池边洗手。

2 思雨如厕完洗手,将水龙头开得很小。

3 阿辉和天天如厕完,在水池边玩了起来。

"男""女"来区分 一起做游戏 Game

随着社会发展，洗手间的男女标识也变得更加有创意，看看下面的几种情况，你能分清"男""女"吗？

❶ Man 与 Woman。
❷ male 与 female。
❸ 汉子与妹子。

男女区分

训练目的

如厕不慌张，分清男女，避免产生误会和尴尬。

能力提升

随机应变能力；
对事物的观察力。

polite

所答非所问

— 学习重点 —

禁止喧哗、打闹；
举手发言。

英语课开始了，老师问："'羊'这个单词怎么说呀？"

佳乐喜欢小羊，当然知道，于是他大声说："我最喜欢羊驼了，他是神兽呢！"

老师摇摇头："佳乐，你没有专心听讲，答非所问了！要举手回答哦！"

佳乐看看周围认真听讲的同学，他们正举手要回答问题呢。佳乐意识到自己的问题，不好意思地低下了头。

专家建议

佳乐的做法是不对的。要求学生认真聆听,仔细思考,才能学以致用。如何才能专心听讲呢?

★ 禁止喧哗和打闹 ★

上课时,不能大声吵闹,更不能随处乱跑。否则会打乱老师教课,并影响其他同学听课。

★ 举手发言 ★

上课想发言,要先举手,老师示意后才能发言。这样利于更好地维持课堂纪律。

★ 给家长的话 ★

上课专心有利于更好地吸收知识,认真听讲的好习惯需要老师和家长的共同配合,家长要向孩子说明专心听讲的重要性。

动脑大闯关

快看,四年一班正在上语文课,大家都是怎样的听课状态呢?咱们一起来看看。

1 小奇认真听着老师讲的课文。

2 美宣对课堂内容不理解,举手询问老师。

3 课堂上,刘祥沉沉地睡着了。

"专心致志"大考验 一起做游戏 Game

游戏规则

要求其中一位同学在五分钟内看完一个故事,看完后能叙述故事梗概。但其他几位同学要采用各种方法"诱惑"他,吸引他的注意力。

诱惑方式

❶ 拿出喜爱的玩具诱惑他。
❷ 谈论新的动画片。
❸ 说说好吃的美食。

训练目的

通过游戏,帮助孩子树立时间观念;

激发孩子认真、专心学习的能力。

能力提升

沉稳思考能力;
语言表述能力;
集中注意力。

polite

伙伴犯错了

学习重点

态度言语要恰当；
学会委婉规劝。

吉吉和淘淘是一对双胞胎兄弟。放暑假了，小哥俩一起去乡下奶奶家玩儿。

奶奶家有好多兔子。调皮的吉吉不知从哪里找来一根小木棍，伸进兔笼子里去戳小兔子，嘴里还念叨着："妖怪，吃俺老孙一棒！"淘淘看见了，对吉吉说："吉吉，它们要是受伤了，兔妈妈会伤心的！奶奶还得照顾它们，多辛苦啊！"

吉吉听了淘淘的话，不好意地说："淘淘，我再也不打它们了。咱们要保护小动物，对不？"淘淘高兴地点点头。

专家建议

每个人都会犯错，良好地劝说会让人及时认识并改正错误。故事中淘淘做得就很棒！那么朋友犯错时，我们该如何劝说呢？

★ 态度言语要恰当 ★

不要大声上前指责，应耐心给伙伴讲道理；
语气不要过于强硬，避免伙伴误会自己，适得其反。

★ 学会委婉规劝 ★

伙伴犯了错，不要去指责，轻声讲道理，委婉去劝说。

朋友间相处，不分你和我，错误改正后，开心乐呵呵。

★ 给孩子的话 ★

好朋友之间需要互相帮助，互相陪伴。朋友犯错误时，要及时提醒，耐心劝说，让反对的语言委婉一点，让批评的语言幽默一点，更利于帮助朋友认识错误，改正错误。

动脑大闯关

当小伙伴犯错时,我们应该采取怎样的态度呢?下面三位同学谁值得我们学习呢?

1 张明大声指责伙伴。

2 YY决定不理伙伴了。

3 颜夕耐心地给伙伴讲道理,帮助她改正错误。

"规劝别人"有一套 一起做游戏 Game

规劝别人是一项很高深的技能,首先要有足够的勇气,不因为害怕得罪人而沉默不言,其次还要注意语言表达要委婉恰当。

训练目的

委婉的语言可以使被劝者感同身受,放弃错误行为。

注意事项

不要用刺激、讽刺的语言。

能力提升

语言组织能力;
社会交往能力。

请连线:

❶ 李显欺负小朋友。

❷ 刘洋要从楼上往下跳。

❸ 妮妮摔倒后,放声大哭。

你揍他,我就揍你!
有话好好说,拳头不解决问题。
笨蛋,找死吗?
很危险,你会受伤的。
真是个爱哭鬼。
勇敢点,先看看有没有摔伤。

polite

放学之后

── 学习重点 ──

检查好个人物品；
排队有序离开。

放学了,张飒抓起作业本,扔进书包,快快乐乐地回家了。

回到家打开书包一看,坏了!拿错了。拿回来的不是教科书,而是电影《魁拔》的宣传册,这可怎么办?

张飒乐观地想:李林也想看《魁拔》的宣传册呢,一会用宣传册交换,管李林借课本用一用。

打开宣传册一看,宣传册也是坏的,这下也没法和李林交换了。

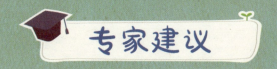

专家建议

张飒由于自己粗心,引来了不小的麻烦。同学们在离开校园前一定要检查好自己的物品。

✦ 检查好个人物品 ✦

放学后,要检查好书包,将教科书、笔记本、文具盒等都整理好,带回家。

✦ 排队有序离开 ✦

放学时,同学很多,会造成一定的拥挤,所以一定要听老师统一安排,排队有序离开,保证自身安全。

✦ 给孩子的话 ✦

放学后,同学们不要着急,着急会使行为变得鲁莽,脾气会比较急躁,还会丢三落四,所以我们一定要保持心态平静,有秩序地回家。

动脑大闯关

下课铃响起来了,同学们开始了放学准备,谁的表现更加有礼貌呢?请为他点赞。

1 放学后,五班同学排好队,走出校园。

2 下课铃响了,欢欢扔下书本,就往外跑。

3 放学了,所有人都排好了队,只有豪豪乱跑。

整理小能手

放学后，同学们都开始整理书本了，谁能又快又好地整理好书本呢？快把提示里的东西放进书包，用时最短者就是冠军。

物品清单
1. 数学、语文书。
2. 辅导材料 2 本。
3. 作业本 3 本。
4. 文具盒。

注意事项
保质保量，数量准确，同时书包也要保持整齐。

训练目的
做事情要有耐心，要细心；自己的物品要整理、保管好。

能力提升
归纳能力；
整理能力。

上学必迟到

---学习重点---

不赖床；
遵守时间。

"同学们，明天是郊游日，大汽车在早上7点整出发，同学们不要迟到"，老师认真地交代说。

"上学必迟到"的田宁，举起手来说："老师，迟到一小会儿没问题吧？"

老师摇摇头。田宁觉得老师肯定是吓唬他的，但他还是决定比平时少赖一会儿床。

今天仅仅迟到了两分钟，面对这样的"辉煌"成绩，田宁十分满意。可是怎么就迟到两分钟，大汽车就开走了呢？太不讲究了！

专家建议

虽然比约定晚了一两分钟,但依然是迟到行为。不能因为迟到时间不长,就忽略迟到的危害。

✱ 不赖床 ✱

不赖床是不迟到的第一步,早睡早起,整理好,才能按时出发,准时到达目的地。

✱ 遵守时间 ✱

合理安排时间,可以给自己定个闹钟,督促自己遵守时间约定。当遵守时间成为习惯,自然能克服迟到的毛病。

✱ 给孩子的话 ✱

守时也是诚信的一种表现。遵守时间的孩子会给人留下好印象。

动脑大闯关

每天上课前,总有几个守时的同学已经在座位前坐好,也总有几个同学迟到,被老师处罚,我们来找一找原因吧。

1 陈庄睡了个懒觉,结果上学又迟到了。

2 张欣早早起床,背着书包去上学了。

3 安田在上学路上追着蝴蝶玩,结果他又迟到了。